AF554607

LETTRE

SUR

LE CANADA

A M. DE MONMERQUÉ,

CONSEILLER A LA COUR ROYALE DE PARIS, MEMBRE DE L'ACADÉMIE ROYALE DES INSCRIPTIONS ET BELLES-LETTRES, ETC., ETC.

Paris (Champs-Elysées, 108), ce 1er novembre 1853.

MONSIEUR,

Si ma position d'étranger dans Paris ne me fermait pas toutes les portes de la presse quotidienne, littéralement envahie et absorbée par cette suprême question d'Orient de toute actualité ; si elle ne m'interdisait pas du moins l'entrée aux journaux, où tant de réputations déjà faites ont pris la place pour y régner en souveraines exclusives ; s'il était permis à une humble individualité, à une modeste plume comme la mienne, de percer au milieu de cette phalange serrée et jalouse de garder la place, je ne sais pas ce que je ferais pour y briguer un coin en faveur de mon pays, qui a droit, lui aussi, d'avoir son rang dans la pensée de la France, et qui ne mérite pas d'en être inconnu, encore moins dédaigné après ce qu'il a fait pour rester français, en dépit de tous les appâts séducteurs offerts à son abdication nationale depuis qu'on s'est aperçu que les mesures de rigueur échouaient contre sa fierté de caractère.

Depuis mon arrivée en Europe, et surtout depuis les derniers quatre mois que je suis à Paris, j'ai eu occasion de lire quelquefois dans des journaux des écrits sur le Canada, où j'avais bien de la peine à me reconnaître.

J'ai eu de même l'avantage de rencontrer beaucoup d'hommes très éminents qui ne me paraissaient avoir sur mon pays que des idées ou très inexactes ou très incomplètes.

Quand je les entends me parler de Québec ou de Montréal pour me les peindre comme des espèces de bourgades où les Anglais entretiennent des comptoirs pour leur commerce de pêche et de chasse, non seulement je me sens humilié, mais j'ai peine à réprimer le sourire qui vient, en effleurant mes lèvres, réveiller chez eux le soupçon qu'ils m'ont fait là la peinture

des postes de la baie d'Hudson, et nullement du Bas-Canada, et qu'il pourrait bien se trouver après tout un certain degré de civilisation dans ce coin reculé du Nouveau-Monde, où l'élément français est si vivace encore, en dépit de tout ce que ceux à qui la France l'a abandonné, à la chute de Montcalm, ont fait pour l'éteindre, ou peut-être à cause de cela même.

On paraît oublier, ou même ignorer, que la race franco-canadienne toucherait de près à un million d'hommes, si la mauvaise législation n'en avait chassé deux cent cinquante mille hors de son sein depuis quinze ans; que le territoire qu'elle occupe, et dans les régions de la plus belle zone du monde, est incomparablement plus vaste que celui sur lequel la France, la belle France, est elle-même assise; que sur son sol sont édifiées des villes aussi grandes et non moins avancées en fait de progrès matériel et intellectuel que la plupart des non moins importantes cités continentales que j'ai vues (et j'ai visité à peu près celles de la plus grande partie de l'Europe); qu'il y a entre Montréal et Paris une communion d'instincts, d'idées et de sentiments, comme il existe entre le Bas-Canada et la France des rapports, des affinités de sang qui ne se démentent pas, une communication de tous les jours, de toutes les heures, et par la littérature, et par le commerce social de l'émigration française vers nos régions amies, où la filiation de l'un se réchauffe et se perpétue vis-à-vis de l'autre; que chaque écho, chaque pulsation de la France se répercute jusque chez nous et remue la fibre populaire qui y répond; que les gloires de la France, le Bas-Canada les revendique comme une auréole pour son propre front, ainsi qu'il accepterait ses hontes comme un stigmate, s'il était capable d'en redouter l'occurrence; enfin que les associations de cœur et d'intelligence sont si intimes, si étroites, si instinctives entre les deux, que, quand un Français nous arrive dans une de nos paroisses canadiennes, ou qu'un Canadien a comme moi le bonheur de mettre le pied dans une de vos communes françaises et de fouler ce sol dont la poudre parle si haut à son âme, chacun se sent chez soi et oublie bientôt qu'il y a tout un Océan entre ces deux terres qui portent une même race; de sorte que leur transplantation n'entraîne presque pas de sacrifice de cœur ou d'esprit.

C'est du reste assez vous rendre ce que j'éprouvai moi-même à Calais en y débarquant.

Rien ne ressemble comme Québec à vos anciennes villes de province. Partout les habitations portent l'empreinte des idées et de l'époque dans lesquelles elles furent fondées, comme en furent frappés MM. de Tocqueville et de Beaumont quand ils visitèrent le Bas-Canada en 1837. Nos paroisses, créées à l'image des vôtres, comme nos villes, portent encore aujourd'hui le cachet primitif, bien qu'il y ait dans les villes canadiennes, comme dans les continentales, la vieille et la nouvelle ville, la ville originaire et la cité moderne. La main de la conquête n'a pas effacé la première empreinte.

Et, à voir le Bas-Canada dans ses villes comme dans ses campagnes, qui croirait cependant que c'est une contrée qui compte à peine deux siècles de colonisation ?

La vallée du Saint-Laurent est semée de jolis villages jusqu'à plusieurs lieues de profondeur sur ses deux rives, et sur un parcours de centaines de lieues, presque sans solution de continuité, au moins sur la rive méridionale même du golfe Saint-Laurent, le littoral nord étant encore pour partie en forêt vierge.

Et pour que l'heureuse comparaison éclate, du moins à mes yeux, il faut contempler ces riants villages, dont la physionomie, avec leurs maisons blanches à contrevents verts et leurs clochers étincelants, est plus ravissante mille fois que ces hameaux à toitures de tuiles ou de chaume qu'on retrouve partout sur le continent, qui me semblent bien muets quand je les compare à ces groupes d'habitations canadiennes qui se détachent si bien sur la verte pelouse de nos plaines et de nos collines ou de l'azur bleu-ciel de ces fleuves si limpides et si majestueux qui sillonnent nos terres et dont l'absence se fait tant regretter en Europe, où il faut courir bien longtemps avant de retrouver la Seine, le Rhin, la Loire, le Rhône, la Saône ou l'Escaut. Et combien ils pâlissent encore, tout beaux qu'ils sont, à côté de l'Ottawa et du Saint-Laurent avec leurs mille tributaires et leurs lacs si solennels, si grandioses, qu'on a eu raison de nommer des mers d'eau douce!

L'habitant chez nous, logé dans sa demeure à larges ouvertures, élevée au dessus du sol, et dont presque chacune porte à son frontispice une petite galerie si significative de sa suzeraineté rurale, et qui est, pour ainsi dire, le balcon de son indépendance et l'enseigne de sa bourgeoisie, l'habitant chez nous est un châtelain, comparé au paysan de l'Europe dans son réduit bas et obscur, où il ne doit aimer à s'enfermer que la nuit, lui, accoutumé comme le nôtre, à l'air libre et à la lumière du firmament!

Mais la Révolution française, qui a passé par dessus la tête de nos habitants sans à peine qu'ils s'en doutassent, n'a pas détruit chez nous comme en France les traces du vieux régime ; si bien qu'en parcourant les paroisses du Canada, un Français du siècle de Louis XV qui aurait la complaisance de ressusciter, pour le seul plaisir de me prendre au mot, se trouverait parfaitement à l'aise, et se reconnaîtrait partout, jusque dans nos colléges et nos maisons d'éducation classique, dont le corps enseignant a été longtemps accusé de porter comme un culte d'aversion au plus léger changement à l'ordre éducationnel de l'ancien régime, mais auquel je dois la justice de reconnaître qu'il l'a libéralisé depuis, et qu'il fait de constants efforts pour le moderniser encore. Cet homme ne soupçonnerait pas même de se trouver en Amérique. En retrouvant encore le seigneur suzerain, son vassal et son censitaire, avec le moulin banal, le droit de retrait, les lods et ventes avec la coutume de Paris dans son intégrité, et *Droits et dîmes tu paieras à l'Église fidèlement* pour épigraphe au fronton de ses temples, il donnerait encore çà et là la main à ce vieux peuple normand ou breton, plaideur ou aventureux, qui fut le pionnier de cette nouvelle France à qui les dissipations d'un Louis XV valurent d'être abandonnée à la merci d'un vainqueur instinctivement ennemi de sa race, contre lequel elle a eu à lutter depuis lors avec une énergie soutenue pour défendre son élément constitutif contre l'envahissement de celle qui voulait prendre sa place au soleil du Nouveau-Monde.

Est-ce à dire pour cela que ce peuple, resté stationnaire au point de vue de ses droits civils, n'ait pas subi le mouvement politique et social imprimé au reste de l'humanité? C'est cependant l'impression que semblent remporter la plupart des écrivains français que l'attrait de venir étudier chez nous cette curieuse image de l'ancienne France attire de fois à autres au Canada. Mais je leur reproche de nous représenter comme un peu trop fossiles, comme un peu trop antédiluviens, comme un peu trop moyen-âge, si vous l'aimez mieux.

J'aurai occasion d'en citer tout à l'heure deux exemples chez des littérateurs qui me paraissent s'être ainsi trop abandonnés au plaisir de la pastorale dans leurs impressions de voyage, je le déclare en toute humilité; et le reproche que je leur en faiest d'autant plus senti que, pour n'avoir pas interrogé plus scrupuleusement les faits, ces noms justement estimés peuvent nous faire prendre en indifférence par la France et la classe pensante de tous les pays, si elles pouvaient nous croire sans souci du progrès, de la liberté et de l'émancipation, nous qui y avons fait, j'ose dire, autant de sacrifices que qui que ce soit dans les limites de notre sphère nécessairement étroite et obscure, depuis près d'un siècle que nous luttons en désespérés pour conquérir ces inappréciables avantages ; et nos efforts vers ce but de progrès, d'émancipation et de liberté, défavorablement interprétés par notre clergé national, qui croyait y voir une menace contre ses intérêts de corps, en proie aux spéculations de dangereux novateurs, et non moins suspects au gouvernement local et métropolitain, qui les regardèrent naturellement comme une tendance à un but de subversion de leur propre autorité, nos efforts long-temps paralysés ont dû échouer enfin contre cette invincible solidarité de résistance d'autant plus formidable de la part du clergé que son influence reposé sur la profonde affection du peuple et lui est acquise aussi au prix de grands sacrifices et de sublimes vertus dans les champs de l'apostolat, où, chaque fois que dans les grandes épreuves son zèle a été appelé à y éclater, il s'est montré l'égal de tous les clergés du monde en dévoûment sacerdotal et en héroïsme chrétien. A lui la responsabilité de l'avortement de ces efforts, si la liberté doit succomber en Canada !

Qu'il me suffise de vous consigner ici, Monsieur, que, pour rester français et libre, le Bas-Canada a vu l'exil et l'échafaud dévorer sa sève, le soldat de son maître fourrager les campagnes, et que la convulsion politique de 1837 a arrosé son sol du sang de ses martyrs !

Et que n'eût pas fait la France avec une telle race renovée dans les splendides forêts de l'Amérique du Nord, si, au lieu d'épuiser son énergie dans les oasis de l'Algérie, à la poursuite d'Abd-el-Kader au milieu de ses odalisques, elle eût continué de féconder en Canada ce germe si vigoureux de sa nationalité, ce reflet si vivant d'elle-même encore à l'heure qu'il est, malgré tout ce qui a été mis en jeu pour l'abâtardir ?

Oui, Monsieur, c'est à peine si les manœuvres de la politique ont pu le frelater dans les villes mêmes où la prépondérance de ses maîtres, qui y ont toujours eu la haute main, le maniement du commerce et des grandes affaires, agissait si activement vers ce but de dénationalisation, but manqué jusqu'à ce jour, mais qui se réalisera infailliblement plus tard, après qu'un siècle de martyre politique et social aura encore passé sur cette race militante, livrée à ses propres efforts contre le flot toujours envahisseur de la race anglo-saxonne, auquel rien ne saurait imposer des bornes en Amérique, où la voie ferrée et la vapeur sont à son service pour porter, avec son idiome et ses arrangements sociaux, son commerce exclusif des bords de l'Atlantique à ceux du Pacifique et du cap Horn au Labrador.

Mais, s'il n'est pas donné à la France de nous racheter de cette condition que le sort nous a faite et que le temps a confirmée, elle peut du moins nourrir de sa propre surabondance ce sentiment exalté de patriotisme national et de profond attachement à elle, et nous affilier davantage encore par le secours de sa littérature et de son intelligente protection. Pourrait-elle voir d'un œil indifférent dépérir un rejeton si vigoureux d'elle-même, quand elle peut le substanter d'un peu de son propre sang, d'un peu de sa sève féconder sa source d'alimentation, elle qui a fait l'article le plus solennel de sa capitulation de 1763 de la condition que nous serions respectés dans la possession perpétuelle de nos institutions civiles, religieuses et nationales?

Mais, avant de vous dire, Monsieur, comment je voudrais que la France vînt à notre secours, et vous définir toute ma pensée, permettez que je revienne un peu sur les appréciations de vos touristes à l'endroit du Bas-Canada.

C'est ainsi que, pour élucider une de ces appréciations, un journal de Montréal reproduisait assez récemment encore, d'un des journaux de Paris, une conception de M. Xavier Marmier (littérateur élégant et publiciste estimé, dont le nom était déjà venu jusqu'à moi), qui valait mieux par le style, bien qu'il fût celui d'une légende, que par l'exactitude des faits et le parti qu'il me semble en avoir tiré en notre faveur. Ce voyageur dilettante décrit le Bas-Canada comme un pays de cocagne, et lui prête des mœurs si naïves, qu'elles le feraient croire à peine sorti des temps primitifs. Jusque là pourtant il n'y a pas grand'chose à redire (attendu que l'auteur n'est pas tenu d'économiser les trésors de son imagination dans une œuvre de ce genre), s'il ne se fût pas un peu trop complu à représenter le pays qui l'avait charmé comme dans une enfance un peu trop voisine du bon roi Dagobert.

J'avoue qu'en mettant le Bas-Canada en juxtaposition avec les populations européennes généralement, il est trop près de la vérité pour que je lui reproche de ne s'être pas montré un peu plus sobre à l'article de l'imagination, quand, après tout, la peinture de mœurs qu'il en fait est de nature à le rendre aimable aux yeux de ceux qui adorent la république de San-Marin ou rêvent un Eldorado.

Cependant c'est pour moi une chose impossible à concevoir, qu'un Français ne saisisse pas de prime-abord, comme par l'instinct du cœur, la périlleuse condition politique de l'origine franco-canadienne devant la haine instinctive, avouée, manifeste, ouverte, de la marâtre qui la domine et la pressure, et que, devant une telle situation politique, le pinceau ne lui tombe pas un peu des mains pour dire les luttes héroïques de cette race dans le passé et celles qu'il lui reste à subir peut-être dans l'avenir, au lieu de la peindre comme un troupeau pastoralement soumis à un joug doux et léger à porter, et sous lequel elle s'applaudit de se laisser courber, loin de se sentir la moindre velléité d'indépendance. Et c'est pourtant là l'adorable situation que fait M. Marmier à la population canadienne française, dont il a l'air de convoiter le sort pour la France (ce qu'à Dieu ne plaise!), et qu'à l'entendre, on croirait composée d'autant de bergers d'Arcadie, n'ayant d'autres soucis que ceux de la houlette à porter dans des champs émaillés, au milieu de brebis broutant le serpolet sur le penchant de ses coteaux!

De bonne foi, Monsieur, est-ce ainsi qu'un écrivain sérieux et consciencieux peut prendre la surface des choses pour dérober le vif d'une situation aussi dramatique que la nôtre?

Il me paraît que la fausse peur de nous voir absorber un jour par la république qui nous avoisine porte ainsi la plupart des voyageurs français qui rendent compte au public de leurs impressions de voyage à feindre ainsi des hommages à l'Angleterre pour sa prétendue générosité à maintenir une langue et une nationalité que la politique lui avait d'abord fait regarder comme une barrière et une espèce de cordon sanitaire pour sa permanence à l'encontre du principe, et propre à servir de digue à la force d'expansion du fédéralisme américain, mais que l'aveuglement de ses antipathies nationales, depuis qu'elle s'inspire moins bien de ses propres intérêts, depuis que l'esprit de Pitt et de Fox a disparu de ses conseils, lui a appris à battre en brèche, comme un obstacle invincible à son entière et exclusive domination.

Je n'accuse pourtant pas M. Marmier d'être tombé dans ce travers. Je crois qu'il s'est laissé prendre de bonne foi à l'apparence heureuse de nos campagnes, qui portent encore les traces de leur fécondité et de leur abondance primitives, bien que la mauvaise législation, jointe au médiocre rapport des céréales des vingt-cinq dernières années, ait bien altéré au fond la condition de nos classes agricoles et la prospérité rurale de ce sol naguère encore vierge et si généreux.

Un autre homme de lettres, dont le nom m'est plus connu que celui de M. Marmier, parce qu'il est dans les lettres le continuateur de la gloire de son père, M. Ampère, vient aussi de faire un voyage de touriste sur ces plages lointaines qu'avait foulées déjà le tendre, l'éloquent, le séraphique Châteaubriant, qui en a aussi dit des choses beaucoup plus poétiques que réelles; mais M. Ampère, bien qu'il ne s'en soit pas donné à cœur-joie comme M. Marmier, a eu le malheur de ne faire qu'un roman de plus, qui peut bien trouver place dans le boudoir d'une jolie femme, mais qui ne touche pas assez au fond des choses, et accepte trop tôt, à mon avis, les interprétations d'autrui dans la partie la plus grave de son récit.

Il n'est pas destiné, du moins, à desservir autant la cause du progrès politique et de l'émancipation dans le Bas-Canada que celui de M. Marmier, qui dessert, lui, quoique fort involontairement, peut-être, la cause non moins grave et non moins intéressée de l'histoire.

En disant que M. Ampère a fait un roman, je n'attaque pas la partie descriptive et topographique de son œuvre, qui est marquée au cachet de cette plume élégante et facile qui répand le charme sur tout ce qu'elle touche. C'est même là ce qui doit le rendre une lecture délicieuse pour les dames qui aiment à effeuiller et à savourer les fleurs partout où elles les trouvent. C'est toujours dans l'appréciation politique, et partant par le côté le plus sérieux, que tous ces hommes de lettres, voyageurs à vol d'oiseau, faillissent, et qu'ils égarent souvent l'opinion qu'ils veulent éclairer.

Assurément on ne saurait mieux dire que M. Ampère les magnificences de notre nature et rendre mieux que lui, en langage plus frais de coloris et plus riche des trésors de la rhétorique, les situations pittoresques du Canada, dont il a adoré partout la majesté et si bien fait sentir les effets.

J'aurais voulu qu'il eût apporté la même sérénité de vues dans les choses d'un ordre plus relevé, qu'il eût moins négligé lui aussi la situation politique, et eût entonné moins haut surtout la trompette de triomphe pour les Canadiens, laquelle m'a fait un peu l'effet de la tymbale retentissante du prophète, dont les vains sons ne produisent qu'un faux bruit d'adoration. Le malheur de ce dernier est de s'être associé, à son insu, à un parti dont il a épousé pour l'instant les prédilections et à travers les verres duquel je crains beaucoup qu'il n'ait que trop vu.

M. Ampère est passé au Canada au moment où la politique des faux libéraux canadiens était à l'apogée du succès. Une fraction de l'ancien parti d'opposition étant devenue l'âme damnée du gouvernement anglais, depuis qu'il a acheté son concours à prix d'or, triomphait alors sur les ruines du vieux parti libéral, dont M. Papineau est le chef calomnié par les presses au profit des stipendiés de *Downing street* dans le Bas-Canada ; et M. Ampère ne s'est pas assez défié de la périlleuse situation qu'on lui a faite comme publiciste en s'emparant de lui, dès son arrivée à Montréal, pour l'entraîner dans un banquet politique donné au chef des transfuges du parti libéral qui ont sacrifié l'avenir de leur race au plaisir d'être les séides gorgés du pouvoir exécutif colonial ; et, une fois dans les filets des intrigants, qui se firent ses inspirateurs, il fallut bien que l'illustre touriste, s'exécutant de la meilleure grâce possible, exaltât jusqu'aux nues, dans le chef de cette dernière caste, une personnification qu'il ne connaissait pas assez ; et qui, de fait, n'était devenue un astre si brillant que parce que tous ceux qui l'entouraient de plus proche dans son parti n'étaient pas des météores.

J'exprime ici sincèrement le regret qu'un homme que j'ai appris à honorer autant que M. Ampère, qu'un écrivain aussi consciencieux que j'aime à le penser, n'ait pas été initiés aux secret des manœuvres de la faction dont il a ainsi préconisé le triomphe et célébré les vertus. Cette faction n'a réussi à se donner les couleurs du patriotisme dans sa honteuse abdication de l'ancien dogme politique du parti libéral, qu'en s'appuyant sur l'union pour légitimer par un éphémère succès, j'aime à l'espérer du moins, la politique égoïste, mercenaire et suicide, qui fait du Bas-Canada, c'est-à-dire de la race française, l'humble servante, l'abjecte tributaire, la proie de la race anglo-saxonne ; et qui, à force d'y travailler, a réussi à rendre l'ancien parti libéral, resté fidèle à son drapeau avec son chef le plus digne, la risée du pays, à force d'être déconsidérée par les presses soudoyées à cet effet par l'homme qui en a le mieux profité, aujourd'hui qu'il vient, en récompense, d'être appelé au premier poste judiciaire du pays, poste, du reste, auquel lui donnait un droit incontestable le rang éminent que ses antécédents lui avaient fait au barreau.

Le Bas-Canada joue vis-à-vis du Haut, grâce aux manœuvres des hommes si haut prisés par leur préconisateur, M. Ampère, le rôle joué par la Belgique vis-à-vis de la Hollande, dans cette déplorable union qui a enfin abouti à l'indépendance nationale de la première, conséquence que M. Ampère, peut-être, aperçoit aussi pour nous dans le lointain; grande et seule justification de ses opinions.

Mais, Monsieur, je crains d'être accusé d'injustice de juger ainsi vos touristes sans les citer. J'ai cependant une excuse péremptoire à plaider : je n'ai pu mettre ici la main sur les écrits que j'avais lus rapidement au Canada, et je n'ai d'ailleurs en vue que de donner ici une idée générale de mon pays, sauf à revenir sur le sujet, si l'on veut bien m'accorder la faveur de la publication, pour m'appesantir un peu plus sur les faits.

Pour aujourd'hui je m'écarte même peut-être un peu plus qu'il ne convient de la principale considération que j'avais en vue, et qui n'est pas du tout la controverse politique, en essayant de rétablir un peu mon pays aux yeux de la France, qui lui a donné son nom, nom qu'il s'enorgueillit de porter encore dans l'histoire, et que M. François X. Garneau, notre historien national, a su mettre en relief dans ses quatre volumes d'*Histoire du Canada,* qui mériteraient de trouver place dans toutes les bibliothèques françaises, bien qu'ils pourraient nuire quelque peu à l'effet des bucoliques de M. Marmier ou des pastorales de M. Ampère.

Quoi qu'il en soit, Monsieur, il est temps de vous demander la permission de vous faire mes suggestions, ou plutôt de solliciter les vôtres sur le meilleur moyen de renouer le Bas-Canada à la France. Pour moi, j'ai toujours pensé que le lien littéraire serait le plus étroit et le plus fort. Que ne pourrait pas ce lien si puissant de sa nature, aujourd'hui surtout qu'il serait si propre à seconder l'effort que fait la jeunesse éclairée de mon pays pour se conserver ce suprême moyen de salut de sa nationalité menacée ?

Si par votre moyen, par exemple, l'Institut dont j'ai l'honneur d'être membre, et dont j'interprète en ce moment les sentiments, pouvait compter, Monsieur, sur l'honneur d'être affilié à l'Institut de France, qui le couvrirait ainsi de sa puissante protection et seconderait par là les succès de notre jeunesse laborieuse, qui s'est donné des statuts et une incorporation reconnue et sanctionnée par une charte émanée du gouvernement local, je n'ai pas besoin de vous dire son orgueil et le zèle que vous allumeriez dans son sein, en se voyant élever à un rang qu'il n'ose pas ambitionner, peut-être, mais dont il est capable de se rendre digne, j'ose m'en porter caution.

J'ignore moi-même sous quelle forme l'ombre de l'immortel Institut de France pourrait s'étendre jusqu'à lui, et j'abandonne à vos propres inspirations le moyen de réaliser une pensée en soi si féconde en résultats inappréciables pour le maintien de notre origine commune dans le Bas-Canada, pour la propagation de sa belle langue et de sa littérature, et la permanence de ce qui nous y reste d'institutions françaises.

Chaque ville et même chaque village tant soit peu important du Bas-Canada possède une branche de l'Institut, qui a ses deux bases principales à Montréal et à Québec. Mais à la jeunesse de Montréal appartient l'honneur d'avoir fondé l'Institut en donnant ainsi à celle de Québec un exemple qu'elle n'a pas tardé de suivre, et que les villes de Troisrivières et de Saint-Hyacinthe se sont elles-mêmes empressées d'imiter, en entraînant après elles, comme dans un vaste réseau organisateur de toute notre société, toutes les agglomérations sociales répandues sur toute la surface du pays; de sorte qu'on peut dire avec vérité que l'Institut canadien, pris collectivement, est le pays, puisqu'il est destiné à lui fournir, dans un avenir même très prochain, dans l'ardente génération de jeunes hommes qui en sont les inspirateurs et l'âme, les éléments propres au fonctionnement de la machine gouvernementale et la phalange destinée à faire un rempart de son corps à la nationalité franco-canadienne contre l'envahissement de la race anglo-saxonne, en manipulant de concert avec elle les affaires du pays, et en lui disputant l'influence de la direction dans les conseils de l'état.

Oui, Monsieur, voilà son rôle et qui mérite bien, ce me semble, de trouver une main secourable dans le glorieux Institut de France, qui lui a servi de modèle dans sa création, comme il est son étoile polaire pour l'avenir, et qui peut, en épanchant la surabondance de ses trésors, le superflu de son luxe dans le sein de son jeune et vigoureux rejeton, réchauffer son ardeur dans la carrière, et perpétuer là bas le culte de sa langue et de la littérature sur cet autel patriotique où mes jeunes compatriotes entretiennent comme des Vestales le feu sacré dont je demande à l'Institut de France de raviver encore la flamme de son souffle régénérateur.

Si, à défaut de pouvoir recueillir comme moi des bouches mêmes dont elles tombent chaque jour les précieuses richesses de la science, sous toutes les formes, que l'Institut roule sur son parquet comme le Pactole ses flots d'or sur un lit de rubis, l'Institut Canadien recevait seulement des exemplaires des cahiers où sont consignées les conquêtes de vos savants dans le domaine des sciences et des arts, si ses membres pouvaient concourir chez eux à des prix que vous y décerneriez, et participer ainsi à votre patrimoine littéraire en s'abreuvant aux mêmes sources d'intelligence et d'érudition; quelle inappréciable ressource, quel moyen d'émulation ne serait-ce pas déjà pour lui qui pourrait ainsi vous suivre de loin, jour par jour et heure par heure, pour ainsi dire?

Mais, encore une fois, Monsieur, quant aux moyens pratiques de lui faire sentir le bénéfice de cette étroite filiation que j'invoque avec autant d'humilité que de confiance, je les abandonne volontiers à votre propre appréciation, placé comme vous l'êtes si heureusement pour juger du meilleur mode d'exaucer ma patriotique prière en redonnant ainsi un nouveau ressort à l'école militante de mon pays.

Oui, Monsieur, je mourrais content si mon voyage en France pouvait avoir ce résultat que j'ambitionne de toutes les forces de mon âme pour la génération du Canada à laquelle j'appartiens encore par l'âge, la communauté d'idées, de sentiments et d'intérêts, et qui est à la veille de prendre les rênes du gouvernement, si même elle ne les tient pas indirectement dejà par la direction qu'elle imprime à l'opinion publique au moyen de la presse, qui est entre ses mains, et grâce à son énergie et à son incessante activité qui la fait se multiplier pour se trouver sur la brèche partout où il y a une idée nationale à défendre, une opinion légitime à faire valoir, un principe libéral à faire triompher sur les menées des ennemis du progrès ou sur les manœuvres des paralysateurs du mouvement.

L'Institut Canadien a déjà fourni à notre parlement plusieurs de ses talents d'élite, et, à l'heure où j'ai l'honneur de vous adresser cette lettre, j'apprends qu'un de ses plus jeunes membres, M. Chauveau, est placé auprès du chef de l'exécutif, dans notre cabinet provincial, dans une charge correspondante à celle de votre ministre de l'intérieur, exemple opportun de la justesse des prévisions que j'énonçais avant même d'avoir eu le temps de connaître ce fait.

Naturellement le secours politique que j'envisage ici ne procéderait qu'indirectement de l'impulsion que je ne sollicite de l'Institut de France que sous un point de vue purement littéraire et scientifique, qui est tout un chez nous, où la question de langue et de nationalité touche de si près, est liée si étroitement à l'invocation des droits égaux devant la loi, au libre exercice des priviléges civils et sociaux, et à la jouissance des immunités que les hommes sont partout si jaloux de réclamer comme le décalogue politique de l'humanité.

Voilà, Monsieur, ce qu'il me pressait de vous soumettre en aussi peu de mots qu'il m'a été possible pour développer ma pensée. Puisse le motif qui m'anime faire trouver, grâce à vos yeux, à la forme de la prière en faveur du fond!

Le peu de moments pendant lesquels il m'a été permis de vous entrevoir, depuis que j'ai eu l'honneur de vous approcher, m'a inspiré la confiance de m'ouvrir à vous sans hésitation, avec une sorte d'assurance toute faite que vous saisiriez avec l'avidité d'un noble cœur cette occasion si digne de vous et de l'illustre corps dont vous faites partie, d'être l'instrument de rédemption de la langue, et, partant, de la nationalité dans sa forme la plus réelle, dont le sort périclite dans le Bas-Canada entre mille chances également pernicieuses à sa pureté, à son intégrité, sinon à sa permanence même, placés comme le sont l'origine qui la parle et la jeunesse qui la cultive cependant d'un culte d'affection et d'intérêt tout à la fois, avec l'amour du désespoir. En preuve, Monsieur, j'appelle votre attention sur notre *Répertoire national* (1), ce recueil des essais de nos jeunes

(1) On lit dans un ouvrage intitulé *Répertoire National*, compilé et publié par M. J. Huston, membre de l'Institut canadien de Montréal, imprimé en cette dernière ville par MM. Lovel et Gibson en **1848**, la note suivante sur l'auteur de cet opuscule : « M. J. G. Barthe est né sur la terre d'Acadie, au bord de la mer Atlantique, le **15** de mars **1816**. Il vint au Canada encore tout jeune. En **1838**, M. Barthe, alors étudiant en droit aux Trois-Rivières, y fut emprisonné le **2** janvier, pour la publication dans le *Fantasque* d'une pièce de vers adressée aux *Exilés politiques canadiens* envoyés à la Bermude par un ukase de lord Durham. Cet emprisonnement dura jusqu'au **16** mai de la même année. Admis au barreau, M. Barthe vint s'établir à Montréal comme avocat. On lui confia en **1840** la rédaction de *l'Aurore des Canadas*, seul journal français qui

intelligences à toutes les époques. La pensée qui a présidé à ce recueil, comme la préface vous l'apprendra, a été de faire voir quel progrès a fait chez nous la littérature nationale, en en donnant des échantillons de toutes les époques depuis que le Canada français a été livré à lui-même.

Ce n'est pas que ce recueil contienne rien de fort digne de votre attention, mais il vous prouvera du moins que nous ne sommes pas sans avoir aussi chez nous le goût des lettres, et que nous sommes au moins en état d'apprécier les chefs-d'œuvre littéraires de la France, que nous avons l'orgueil de réclamer pour mère en littérature comme en nationalité. Oui, Monsieur, c'est une filiation que nous sommes en tout temps glorieux de reconnaître, et que nous serions trop heureux de pouvoir cultiver. Malheureusement, sans presque de livres à la portée de nos fortunes, grâce aux entraves douanières mises à leur importation jusqu'à dernièrement, et sans aucuns autres moyens de nous former dans notre condition d'isolement géographique et social de la France, seule étoile polaire qui pouvait nous guider dans la carrière des sciences et des arts, nous avons dû conserver notre infériorité obligée et rester dans notre enfance littéraire, comme nous sommes restés dans la dépendance coloniale, en dépit de tous les efforts faits pour nous débarrasser de nos langes. Hélas! si nous avions pu, nous aussi, pauvre jeunesse déshéritée, nous abreuver aux sources intarissables de la science, qui coulent par torrents sur ce fécond et généreux sol de la France, et après lesquelles cette pauvre jeunesse canadienne soupire en vain si ardemment, peut-être n'eussions-nous pas été trouvés indignes de venir un jour nous asseoir modestement à côté des illustrations qui font l'auréole de votre patrie. Mais, réduits à vous admirer de loin et à recueillir de l'autre bord de l'Atlantique les derniers échos mourants de ce concert de voix magnifiques qui murmurent dans les sphères aériennes de la poésie et de la science sous toutes ses formes les conquêtes de la pensée dans le domaine du génie, nous nous sentons, comme les enfants d'Ammon assis sur les bords de l'Euphrate, condamnés à pleurer sur les bords de notre majestueux et solitaire Saint-Laurent une terre

existât alors à Montréal. En 1841, il fut élu membre de l'assemblée législative par le comté d'Yamaska. Ayant perdu son élection, dans le même comté, en 1844, il abandonna quelques mois plus tard la rédaction de *l'Aurore des Canadas*. En 1846, lord Cathcart, alors administrateur de la province, le nomma greffier de la Cour d'appel, charge qu'il occupe encore aujourd'hui. » (*Note de l'Editeur.*)

promise qu'il est donné à bien peu comme à moi de venir fouler. *Super flumina Babylonis illic sedimus et flevimus, cum recordaremur Sion!*

La jeunesse française du Canada n'est pas sans avoir pris quelque essor toutefois; et, si le sol encore vierge qu'elle a défriché de ses mains lui offre plus de durillons que de sujets épiques ; si la vie toute positive à laquelle elle est condamnée, et dont la réalité la prend chaque matin par le pan de l'habit, ne lui laisse guère le temps de monter la lyre et flétrit à leur naissance les fleurs de son Hélicon, en étouffant à leur source même les inspirations de ses muses ; si même elle a dû dépenser son énergie à disputer pied à pied et heure par heure la langue et la littérature qui font la meilleure portion d'elle-même, son âme et son amour, à l'envahissement d'une nationalité étrangère qui l'encercle de tous les côtés, et les lui conteste pardessus la liberté ; croyez que ces conditions d'infériorité là même qui eussent pu être des causes de dépérissement absolues pour d'autres, ont contribué à faire d'elle un type à part, mais resté assez français pour mériter de n'être pas dédaigné ni méconnu de ce à qui elle se fait gloire si grande de ressembler de ce côté de l'Océan. En preuve, Monsieur, elle a créé à votre instar un Institut qui est devenu pour elle le temple de son culte à la nationalité, l'asile et le refuge de son patriotisme, le foyer de prédilection de son autel littéraire et national. Malheureusement je n'ai ici pour vous donner une idée de ses œuvres qu'une seule conception par laquelle je ne veux pas cependant que vous le jugiez, mais que je vous présente faute de mieux pour aujourd'hui, et que vous trouverez dans les quatre journaux qui accompagnent la présente sous les numéros 1, 2, 3, 4, et intitulée : *La Peine de mort.* Ce discours, prononcé devant l'Institut canadien, vous donnera la preuve du moins qu'on s'y occupe à notre manière des hatues questions qui agitent les penseurs de l'Europe, et que le progrès ne nous passe pas pardessus la tête sans que nous nous en doutions.

Voilà, Monsieur, ce qui se passait au dedans de moi hier, pendant la séance de l'Institut, et je vous laisse à juger de la manière dont j'ai dévoré ma part du véritable festin littéraire et musical auquel vous m'avez convié, et si j'ai savouré de même le magnifique éloge de Pradier, qui y a été prononcé par une bouche d'élite (1). Je ne sais combien de temps je serais resté

(1) M. Raoul-Rochette, secrétaire de l'Académie des Beaux-Arts.

suspendu à ces lèvres éloquentes, malgré l'espèce de suffocation qu'on devait nécessairement éprouver au milieu de la nombreuse assistance dans ces tribunes encombrées où je n'avais pénétré que par un effort désespéré. Jamais je ne me suis senti palper plus fort les fibres les plus généreuses de la poitrine que par le panégyriste de Pradier, dont le talent a si bien pris tous les tons de son sujet. J'espère, Monsieur, que ce ne sera pas la dernière fois qu'il me sera donné d'aller me confondre dans cette foule d'élection pour y prendre ma part solitaire et obscure à ce banquet de l'intelligence, si propre à réchauffer le cœur des amis des arts et de tous les talents, et à l'imprégner de toutes les bonnes et délicieuses choses qui ravissent l'âme en exaltant l'intelligence.

Je ne sais, Monsieur, si la profonde admiration que j'ai remportée de la scène d'hier est un motif suffisant pour m'autoriser à vous le dire en ces termes, ni s'il suffira pour leur faire trouver grâce à vos yeux; mais je compte sur votre indulgence, qui ne me fera pas défaut, j'ose l'espérer.

Agréez, Monsieur, etc.

J.-G. Barthe.

2502. — Paris, imprimerie de Guiraudet et Jouaust, rue Saint-Honoré, 338.